Dewch i Deithio

NEPAL

gan Anni Llŷn a
Sioned V Hughes

© Testun: Anni Llŷn a Sioned V Hughes, 2021
© Dyluniad: Peniarth,
Prifysgol Cymru Y Drindod Dewi Sant, 2021

Golygwyd gan Eluned Grandis.

Arluniwyd gan Rhiannon Sparks.
Ffotograffau: © Shutterstock.com, 2021
T 18 © Xinhua / Alamy Stock Photo.

Cyhoeddwyd yn 2021 gan Peniarth.

Mae Prifysgol Cymru Y Drindod Dewi Sant yn datgan ei hawl moesol dan Ddeddf Hawlfraint,
Dyluniadau a Phatentau 1988 i gael ei hadnabod fel awdur a dylunydd y gwaith yn ôl eu trefn.

Cedwir pob hawl gan yr awduron unigol. Ni chaniateir atgynhyrchu unrhyw ran o'r cyhoeddiad na'i
gadw mewn cyfundrefn adferadwy na'i drosglwyddo mewn unrhyw ddull na thrwy unrhyw gyfrwng
electronig, electrostatig, tâp magnetig, mecanyddol, llungopïo, recordio, nac fel arall, heb ganiatâd yn
ysgrifenedig ymlaen llaw gan y cyhoeddwyr uchod.

Roedd hi'n hwyr ar brynhawn Sul ac roedd Min yn syllu drwy'r ffenest yn disgwyl gweld Mei yn cyrraedd adref ar ôl ei benwythnos yn y gogledd gyda'i dad.

Yn sydyn, daeth y car at y tŷ. Roedd o adref, meddyliodd Min yn hapus. Neidiodd oddi ar ei chadair a dweud wrth ei mam ei bod am alw drws nesaf i glywed hanes y daith.

Erbyn i Min gyrraedd tŷ Mei roedd o'n gorwedd ar ei hyd ar y soffa.

"Croeso'n ôl Mei! Wel... sut aeth hi? Gest ti amser da?"

Doedd Min erioed wedi bod yng ngogledd Cymru ac roedd hi eisiau clywed y cyfan. Roedd yn amlwg ei fod wedi cael antur a hanner, roedd o fel clwtyn llawr ar y soffa, wedi blino'n lân.

"O do... cawson ni amser anhygoel!"

Roedd Mei wedi bod yn cerdded ac yn gwersylla yn Eryri gyda'i dad, yng nghanol rhai o fynyddoedd uchaf Cymru. Roedd o wedi tynnu llwyth o luniau i Min gael gweld ar ei dabled clyfar.

"...a wnaethon ni gerdded i ben yr Wyddfa... y mynydd uchaf un!! Roedd 'na rywfaint bach o eira ar y copa hyd yn oed."

Rhyfeddodd Min wrth glywed bod Mei a'i dad wedi cerdded i gopa mynydd uchaf Cymru. Pa mor uchel oedd Yr Wyddfa tybed?

Yr Wyddfa, y mynydd uchaf yng Nghymru.

"1,085 o fetrau!" atebodd Mei cyn iddi ofyn hyd yn oed. "Ond mae dad yn dweud bod y mynydd uchaf yn y byd... Everest... bron 9 gwaith yn uwch na'r Wyddfa! Edrycha..."

Chwiliodd Mei am lun o Everest ar y tabled clyfar.

Wrth i Min fynd yn nes at y llun, yn sydyn, daeth sŵn sugno. Roedd y tabled yn crynu, ac mewn chwinciad roedd Min a Mei wedi eu sugno mewn i'r sgrîn.

Poerodd y sgrîn nhw allan ar dir creigiog, oer. Roedd rhew ac eira o'u cwmpas a mynyddoedd enfawr, hardd. Cymrodd ychydig eiliadau i'r ddau ddod i arfer anadlu, roedd fel pe baen nhw allan o wynt.

Wrth i Min a Mei godi ar eu traed, dyma nhw'n sylwi eu bod yn gwisgo dillad ac esgidiau cadarn, pwrpasol ar gyfer dringo a cherdded mynyddoedd.

Daeth dyn byr mewn dillad lliwgar atyn nhw.

"Namaste! Bibek ydw i... sut yn y byd ddaethoch chi yma mor sydyn?"

Edrychodd Min a Mei ar ei gilydd. Doedden nhw ddim yn gwybod ble yn y byd yr oedden nhw.

"Ble ydyn ni?" holodd Min.

"Rydych chi yn Nepal, mewn gwersyll ar waelod y mynydd uchaf yn y byd... Everest."

Enw'r gwersyll ydy 'Base Camp'.

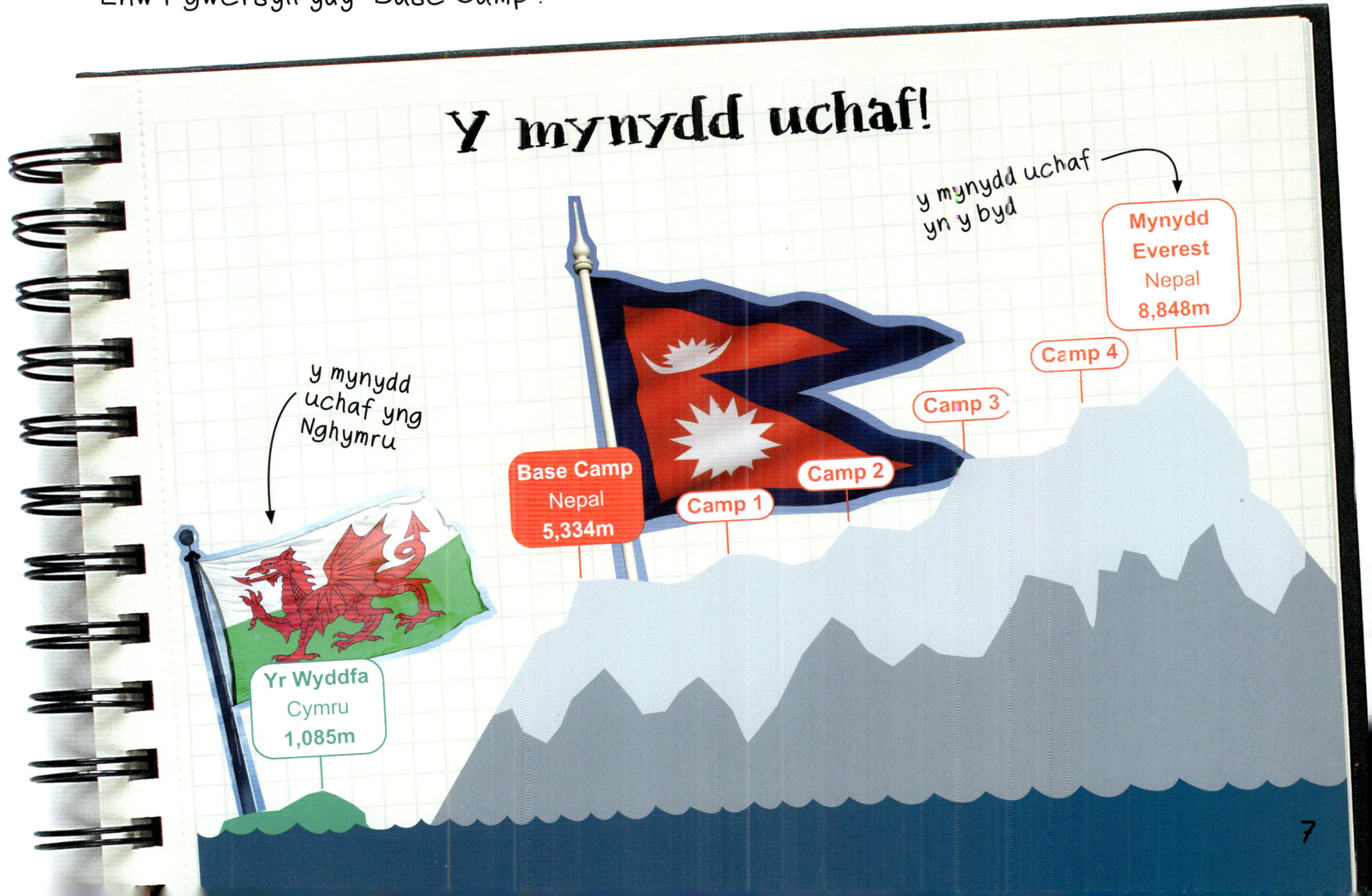

Y mynydd uchaf!

y mynydd uchaf yn y byd

Mynydd Everest
Nepal
8,848m

Camp 4

Camp 3

Camp 2

y mynydd uchaf yng Nghymru

Base Camp
Nepal
5,334m

Camp 1

Yr Wyddfa
Cymru
1,085m

Ni allai Min a Mei gredu'r peth. Everest!! Y mynydd mwyaf yn y byd! Roedd yn rhaid tynnu llun gyda'r tabled clyfar. Selffi! Hun-lun!

Sherpa oedd Bibek ac roedd yn arwain teithiau cerdded heriol ar Everest. Roedd pebyll, bwyd a diod, ac offer gwersylla yn cael eu cludo ar gefn anifail cryf iawn o'r enw iac.

Y bobl Sherpa

Enw ar lwyth arbennig o bobl yw 'Sherpa' sy'n deillio o ardal yr Himalaia.

Merched Sherpa mewn dillad traddodiadol

Paratoi diod twym yn 'base camp'

Mae porthorion mynydd yn cario offer gan ddefnyddio strap pen wedi ei glymu i fasged neu fag.

Mae llawer o'r Sherpas yn byw yn y mynyddoedd.

Maen nhw'n bobl hynod fedrus wrth gerdded ac adnabod y mynyddoedd.

Mae'r iacod yn cael eu defnyddio yn lle ceir-bydau.

Mae un iac yn gallu cario 70 cilo o bwysau, cymaint â cheffyl!

Eglurodd Min wrth Bibek eu bod ar antur ddychmygol a'u bod wedi glanio yno drwy gael eu sugno i lun o Everest ar y tabled.

Roedd hynny'n haws i'w gredu, meddyliodd Bibek, wrtho'i hun. Roedd hi'n cymryd tua 8 diwrnod i bobl gerdded i Base Camp o'r lle yr oedd o'n byw ac yn gweithio, a hynny'n cynnwys dyddiau o orffwys gan fod yr ocsigen mor brin.

Wel, croeso i fynyddoedd yr Himalaia!

9

"Beth ydy'r Himalaia?" gofynnodd Min a Mei.

"Yr 'Himalaia' ydy enw ar y gadwyn o fynyddoedd. Mae Everest yn un o'r mynyddoedd yn y gadwyn. Fel mae'r Wyddfa yn rhan o Eryri - cadwyn o fynyddoedd yng ngogledd Cymru. Ond o'r 10 mynydd uchaf yn y byd, mae 8 ohonyn nhw yn rhan o fynyddoedd yr Himalaia," esboniodd Bibek.

Felly roedd y gadwyn hon o fynyddoedd dipyn yn fwy nag Eryri! meddyliodd Min a Mei.

"Mae'r Himalaia hefyd yn gartref i lawer o anifeiliaid arbennig, fel y llewpard eira ac aderyn cenedlaethol Nepal, 'Monal Himalaia', meddai Bibek.

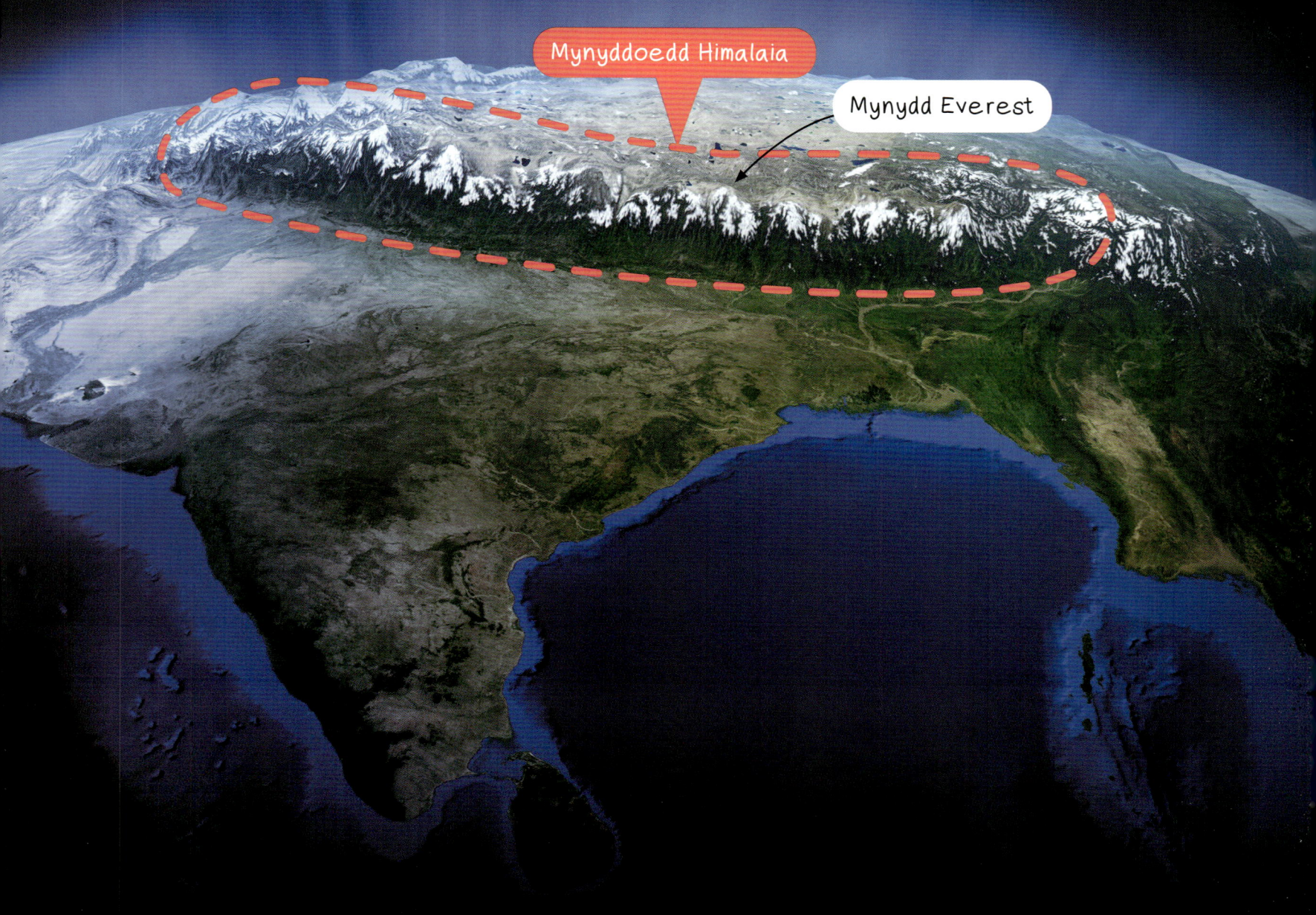

Anifeiliaid yn yr Himalaia

Llewpard eira

Panda coch

Tahr Himalaia

Monal Himalaia

Arth ddu Himalaia

Bharal (defaid glas)

Roedd yr holl brofiad yn anhygoel. Ond roedd Min a Mei yn dechrau teimlo'n sâl. Roedd eu pennau'n troi ac roedd Min yn teimlo ei thu mewn yn corddi.

"Well i chi fynd i'r brifddinas i ddysgu mwy am Nepal... Katmandu," meddai Bibek.

Pan fydd person yn cerdded i uchder mawr oddi wrth lefel y môr mae llai o ocsigen yn yr aer. Mae'r rhan fwyaf o bobl yn dechrau teimlo braidd yn sâl.

Diolchodd Min a Mei i Bibek ac yna teipiodd Mei yr enw 'Katmandu' yn ei dabled clyfar ac o fewn dim roedd y ddau yn cael eu sugno i'r tabled.

Katmandu

Roedd Min a Mei yn teimlo'n well wedi iddyn nhw ddod atyn nhw eu hunain ym mhrifddinas Nepal. Er, roedden nhw'n dal i fod ar dir uchel.

"Mae Katmandu yn uwch na'r Wyddfa hyd yn oed... 1,400 o fetrau uwchben lefel y môr!" ebychodd Mei.

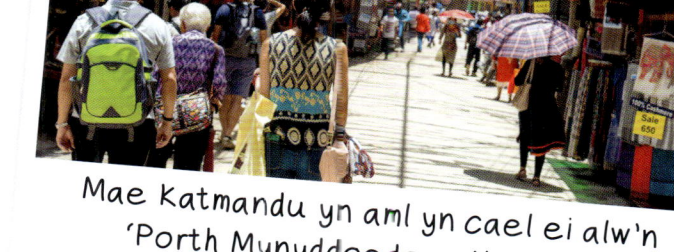

Mae Katmandu yn aml yn cael ei alw'n 'Porth Mynyddoedd yr Himalaia'.

Katmandu: prifddinas Nepal

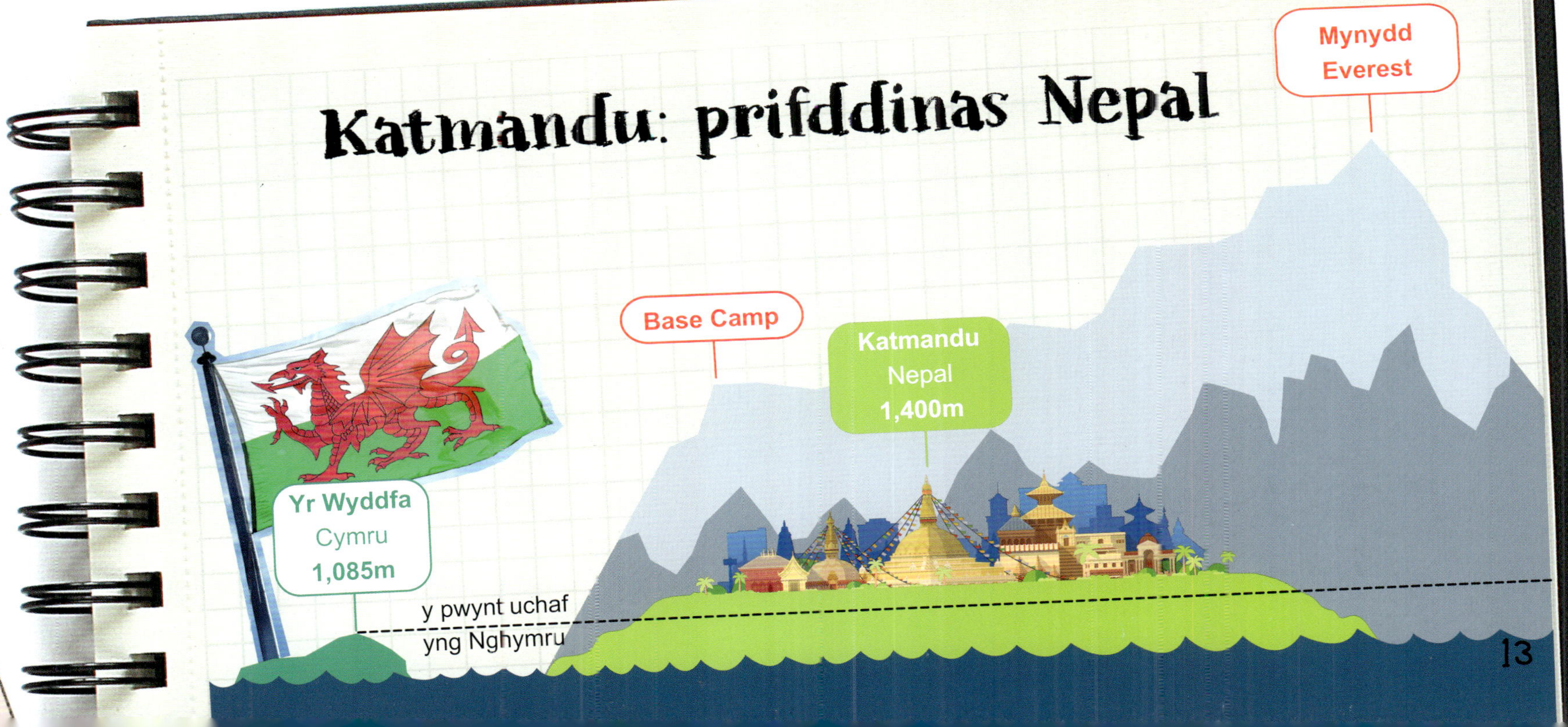

Mynydd Everest

Base Camp

Katmandu
Nepal
1,400m

Yr Wyddfa
Cymru
1,085m

y pwynt uchaf yng Nghymru

Roedd Katmandu yn ddinas enfawr a phrysur. Roedd dros 2 filiwn o bobl yn byw yno.

"Mae yna lawer o demlau yma... beth am i ni gael llun!" meddai Min.

Safodd y ddau o flaen teml hardd i dynnu llun.

"Namaste!" meddai llais y tu ôl iddyn nhw. Merch o'r un oed â nhw o'r enw Ehani. "Mae'r ddinas yn cael ei hadnabod fel 'Dinas y Temlau' gan rai pobl, wyddoch chi? Ar antur i ddysgu mwy am y wlad ydych chi?" holodd Ehani.

"Ia..." atebodd Min a Mei gyda'i gilydd.

Eglurodd Ehani fod Nepal yn wlad amlddiwylliannol ac aml-grefyddol oedd yn golygu bod llawer o grefyddau gwahanol a llawer iawn o bobl o gefndiroedd gwahanol yn byw yno. "Gwlad gymysg!" meddai.

namaste
helo

Bwdhaeth

Y ddwy brif grefydd yw Hindŵaeth a Bwdhaeth. Nepali yw'r brif iaith ond mae dros gant o ieithoedd eraill yn cael eu siarad yn y wlad.

Hindŵaeth

15

"Beth arall alli di ddweud wrthon ni am Nepal?" holodd Min.

"Wel, rhaid i chi flasu chhurpi! Mae'n flasus iawn! Rydyn ni yn ei gnoi fel gwm cnoi!"

"Beth ydy'r arogl gwych?" gofynnodd Min, gan rwbio ei dwylo i gadw'n gynnes.

"Dyma'r Masala Chai, te llaeth blasus gyda sbeisys, yr union beth i'ch cynhesu!" atebodd Ehani.

Blasodd y ddau y te ac yn wir roedd yn fendigedig.

"Rydw i'n deall rŵan pam mae'n ddiod boblogaidd," gwenodd Min yn gynnes. "Dw i'n mynd i wneud y ddiod pan fydd hi'n bwrw eira gartref!"

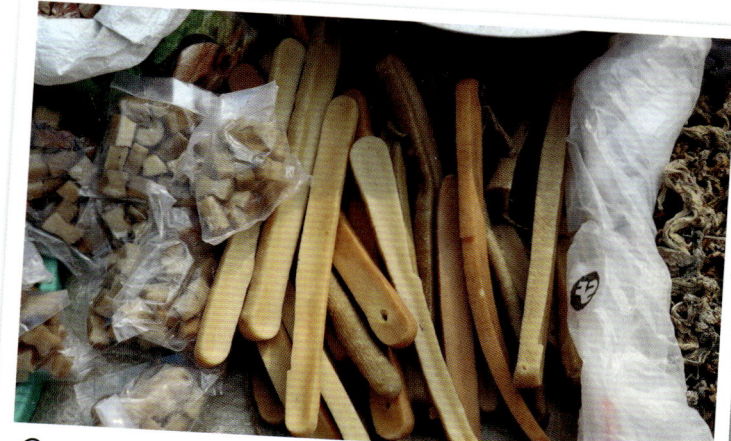

Caws wedi ei wneud o laeth yak ydy chhurpi.

Rysáit Masala Chai

cardamom

Cynhwysion

- 5-7 coden cardamom gwyrdd
- 3-4 clof cyfan
- 1 cwpan o ddŵr
- 2-3 darn o sinsir
- hanner ffon sinamon
- 1-2 lwy fwrdd o de du rhydd
- 1 cwpan o laeth
- 2-3 lwy de o siwgr

clofs

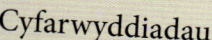
sinsir

Cyfarwyddiadau

1. Malwch y cardamom a'r clofs yn ysgafn.
2. Rhowch y cynhwysion i gyd (ar wahân i'r llaeth a'r siwgr) mewn sosban.
3. Codwch y cyfan i'r berw.
4. Ychwanegwch y llaeth a'r siwgr ac yna gadewch iddo fudferwi.
5. Hidlwch cyn ei yfed.

sinamon

te

siwgr

Bwyd Nepal

Sel Roti

Sel Roti

सेल रोटी

Bara tebyg i doesen wedi'i wneud o flawd reis, siwgr a menyn gyda sbeisys fel cardanom a chlofs.

Dal bhat

दाल भात तरकारी

Mae'r pryd hwn yn gyfuniad o reis (bhat) a chawl ffacbys (dal), wedi'i weini'n aml gydag amrywiaeth o brydau bychain eraill.

Dal bhat

Chatamari

Chatamari

चतांमरि

Bara fflat wedi'i wneud o flawd reis gydag wyau, caws, cig neu lysiau ar ei ben - mae'n cael ei alw'n aml yn bitsa Nepali.

Tra oedden nhw'n mwynhau masala chai, roedd Ehani yn dal i'w dysgu nhw am ei gwlad.

"Ydych chi'n gwybod" meddai Ehani "... ein gêm genedlaethol ydy pêl-foli! Mae ein tîm cenedlaethol yn gwisgo coch pan maen nhw'n chwarae gartref."

Gwenodd Min a Mei, roedden nhw wedi chwarae pêl-foli ar y traeth yn yr haf. Teipiodd Mei y gair yn y tabled clyfar a ffarwelio gydag Ehani.

Mewn dim roedden nhw yng nghanol torf swnllyd yn gwylio gêm bêl-foli.

"Gêm genedlaethol gyffrous!!" gwaeddodd Mei ar Min dros sŵn y dorf.

"Ond nid yr unig gêm genedlaethol!" meddai llais hen ddyn oedd yn eistedd y tu ôl iddyn nhw. Ydych chi wedi clywed am Dandi Biyo?"

Eglurodd yr hen ŵr mai dyma'r gêm fwyaf poblogaidd allan yn y wlad a phan oedd yn ifanc.

darn o bren hir – y Dandi

tamaid bach o bren – y Biyo

Math o gêm sy'n debyg i rownderi.

dhanyabad
diolch

"Allwch chi sôn mwy wrthon ni am Nepal?" holodd Mei yr hen ŵr. Roedd y wlad mor ddieithr i Min a Mei, roedden nhw'n ysu am fwy o wybodaeth.

"Y ffordd orau o rannu straeon yn Nepal yw drwy'r celfyddydau...yn enwedig dawns! Ewch i weld y mynachod yn dawnsio yng ngŵyl Mani Rimdu," meddai.

A dyna wnaethon nhw. Ar ôl tynnu llun o'r hen ŵr, gosodon nhw enw'r grŵp dawns yn y tabled clyfar ac i ffwrdd â nhw.

19

Y mynachod yn perfformio yng Ngŵyl 'Mani Rimdu' ym mynachlog Tengboche, Nepal.

Gŵyl 19 diwrnod ydy 'Mani Rimdu' sy'n cael ei dathlu gan Fwdistiaid yn yr Himalaia i nodi sefydlu Bwdhaeth gan y Gwrw Rinpoche Padmasambhava.

Glanion nhw yng nghanol sioe liwgar a swnllyd tu hwnt. Roedden nhw ym mynachlog Tengboche ac roedd y mynachod yn perfformio dawns seremonïol mewn gwisgoedd hollol anhygoel. Wrth ddawnsio, roedden nhw'n chwythu utgyrn ac yn curo symbalau.

Doedd Min a Mei erioed wedi gweld y fath beth o'r blaen a doedden nhw ddim yn gallu tynnu'u llygaid oddi ar yr olygfa o'u blaenau.

Wnaethon nhw ddim sylwi ar y gŵr ifanc oedd yn syllu arnyn nhw cyn iddo nesáu a gofyn, "Ydych chi wedi dod o Gymru?"

Synnodd Min a Mei ei fod yn holi am Gymru. Wedi iddyn nhw gadarnhau, eglurodd fod ei grŵp dawnsio, the Rising Culture, wedi bod yng Nghymru yn yr Eisteddfod Ryngwladol yn Llangollen.

"Fe gawson ni groeso arbennig," meddai. "Dim ond 12 oeddwn i ar y pryd a doeddwn i erioed wedi dawnsio o flaen cynulleidfa mor fawr!" meddai Roshik.

Eisteddfod Ryngwladol Llangollen 2015

Rising Culture oedd y grŵp cyntaf o Nepal i berfformio yn yr Eisteddfod.

Roshik a'i chwaer, Roshika.

Doedd llawer o'r dawnswyr ifanc heb adael Nepal o'r blaen, felly roedd teithio'r holl ffordd i Gymru yn antur fawr!

Chwalwyd eu rhanbarth nhw gan ddau ddaeargryn enfawr a bu bron iddyn nhw beidio â dod. Yn drist iawn, collodd nifer o bobl eu cartrefi a'u hanwyliaid. Yn ffodus, roedd rhan fach o'r grŵp wedi gallu mynychu'r Eisteddfod yn Llargollen.

21

Wel wir, byd bach, meddyliodd Min a Mei.

Bu'r ddau'n mwynhau ac yn dawnsio gyda'r criw am gyfnod nes iddyn nhw sylweddoli ei bod hi'n amser iddyn nhw fynd yn ôl i Gymru fach.

"Beth rown ni yn y tabled i fynd adref Mei?" holodd Min.

Teipiodd Mei y gair 'cartref' ac mewn chwinciad roedd y tabled wedi eu llyncu a'u poeri yn ôl ar y soffa yng nghartref Mei.

Cartref

"Dal i ddiogi ar y soffa Mei?" Daeth mam Mei i mewn i'r ystafell fyw. "Byddai rhywun yn meddwl dy fod wedi dringo Everest yn hytrach na'r Wyddfa!"

Gwenodd Min a Mei ar ei gilydd cyn myna i chwilio am yr holl luniau roedden nhw wedi eu tynnu ar eu hantur yn Nepal. Ond doedd dim un llun yno!

"O wel," meddai Min, "o leia mae'r lluniau i gyd yn ein hatgofion!"

Roedd hynny'n wir ac roedd y ddau'n edrych ymlaen at greu mwy o atgofion ar eu hantur nesaf... ond ble tybed?

23

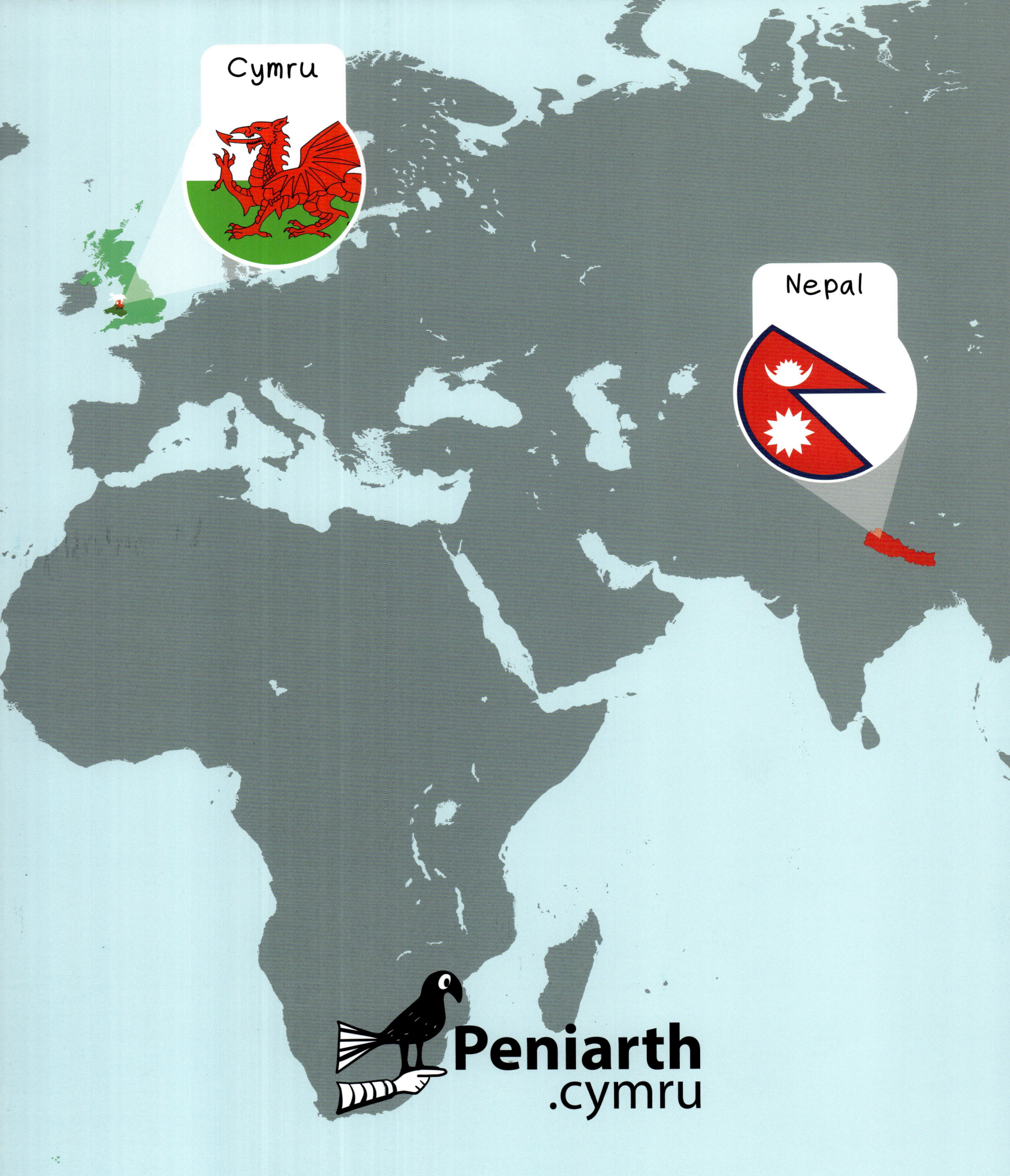

Cymru

Nepal

Peniarth
.cymru